# Último reino

Copyright desta edição © Hedra 2013
Copyright © Pascal Quignard

*Grafia atualizada segundo o Acordo
Ortográfico da Língua Portuguesa de 1990, em
vigor no Brasil desde 2009.*

**Edição**  Jorge Sallum
**Coedição**  Leda Cartum
**Capa**  Marcos Cartum
**Diagramação em LATEX**  Bruno Oliveira
**Revisão**  Leda Cartum

Todos os direitos desta edição reservados à
EDITORA HEDRA LTDA.
Rua Fradique Coutinho, 1139 (subsolo)
05416-011 São Paulo SP Brasil
+55 11 3097 8304
editora@hedra.com.br
www.hedra.com.br

# Último reino
Pascal Quignard

Tradução: Verónica Galíndez-Jorge,
Leda Cartum e Mario Sagayama

hedra

São Paulo, 2013

# Último reino

## — 1 —

# Le nourisson

En 395, alors qu'ils se trouvaient dans la Sainte-Chapelle de Candes, saint Brice déclara :

— Martin est un radoteur.

Saint Martin s'approcha de saint Brice. Il lui dit :

— Éloigne-toi ! Éloigne-toi ! Mes oreilles sont trop près de ta bouche pour que tu parles.

Malgré cela, après la mort de Martin, Brice fut élu évêque par la communauté de Tours.

# — 1 —
# O recém-nascido

Em 395, enquanto estavam na Sainte-Chapelle de Candes, São Brício declarou:

— Martinho é um falastrão.

São Martinho aproximou-se de São Brício. Ele disse:

— Afasta-te! Afasta-te! Meu ouvido está perto demais de tua boca para que fales.

Malgrado isso, após a morte de Martinho, Brício foi eleito bispo pela comunidade de Tours.

*

Bien des années après que saint Brice fut devenu évêque, une religieuse tourangelle, qui se trouvait être sœur lavandière dans son couvent, mit au monde un fils et nomma saint Brice pour le père. La cité de Tours se rassembla, gronda, prit des pierres, les lança contre saint Brice. Le peuple criait :

— Tu es luxurieux. Tu as pollué une sœur lavandière. Nous ne pouvons baiser un doigt qui s'est sali. Rends-nous ton anneau.

Brice répondit simplement :

— Amenez-moi l'enfant.

On amena l'enfant qui n'avait que trente jours. Il était dans les

*

Anos depois de São Brício ter se tornado bispo, uma religiosa turonense, que também era a irmã lavadeira de seu convento, pôs no mundo um filho e nomeou São Brício como o pai. A cidade de Tours se reuniu, ralhou, pegou pedras, atirou-as contra São Brício. O povo gritava:

— Tu és luxurioso. Poluíste uma irmã lavadeira. Nós não podemos beijar um dedo que se sujou. Devolve teu anel.

Brício respondeu simplesmente:

— Traze-me a criança.

Trouxeram a criança que tinha

bras de sa mère, à moitié endormi. Il ne pleurait pas.

Saint Brice les fit venir tous deux sous la voûte, dans l'abside.

L'évêque de Tours se pencha vers le nourrisson et lui demanda en présence de tous :

— Est-ce moi qui t'ai ensemencé ?

Le bébé ouvrit tout grands ses yeux mais ne répondit pas.

Saint Brice posa sa question en latin.

— *Si ego te genui ?*

L'enfant de trente jours répondit alors aussitôt :

— *Non tu es pater meus.* (Ce n'est pas toi qui es mon père.)

apenas trinta dias. Ela estava nos braços de sua mãe, meio adormecida. Não chorava.

São Brício mandou virem os dois sob a abóbada, na capela.

O bispo de Tours inclinou-se sobre o recém-nascido e perguntou na presença de todos:

— Fui eu quem te semeou?

O bebê abriu bem os olhos mas não respondeu.

São Brício fez a pergunta em latim.

— *Si ego te genui?*

A criança de trinta dias respondeu imediatamente:

— *Non tu es pater meus.* (Não és tu o meu pai.)

Alors le peuple demanda à l'enfant qui était son père. Mais l'enfant dit, toujours en latin, que, s'il se souvenait du visage de l'homme qui était monté sur sa mère à l'instant où il avait été conçu, comment connaîtrait-il son nom ? Il dit encore : Ce n'était pas exactement son nom que mon père murmurait alors à l'oreille de ma mère. Bref, tout ce que le nourrisson pouvait assurer, c'est que cet homme n'était pas saint Brice. Or le peuple, mécontent de la réponse que lui avait faite le nourrisson, désirait toujours lancer ses pierres.

On décida de faire une ordalie

Então o povo perguntou à criança quem era seu pai. Mas a criança disse, sempre em latim, que, ainda que se lembrasse do rosto do homem que havia cavalgado sua mãe no instante em que fora concebido, como saberia seu nome? Disse ainda: não era exatamente seu nome que meu pai murmurava então ao ouvido de minha mãe. Enfim, tudo o que o recém-nascido podia garantir é que o homem não era São Brício. Mas o povo, inconformado com a resposta do recém-nascido, ainda desejava atirar suas pedras.

Decidiram fazer um ordálio

afin que la colère de tous fût désarmée.

Le forgeron mit des charbons ardents dans les mains de l'évêque.

La foule demanda à Brice de porter les braises toutes rouges jusqu'au tombeau de saint Martin.

Brice traversa la Loire.

Tout le monde le suivait en murmurant. Or, après qu'il eut posé les tisons ardents sur la pierre tombale de Martin, les paumes qui les avaient contenus étaient intactes.

*

Alors la foule se retourna contre la mère du nourrisson.

para que a cólera de todos fosse desarmada.

O ferreiro colocou carvões ardentes nas mãos do bispo.

A multidão mandou Brício carregar as brasas incandescentes até o túmulo de São Martinho.

Brício atravessou o Loire.

Todos o seguiam murmurando. Mas depois de depositar os tições ardentes sobre a pedra tumular de Martinho, as palmas que as contiveram estavam intactas.

*

Então a multidão se voltou contra a mãe do recém-nascido.

On dénuda les seins de la religieuse lavandière. Un jeune homme les lui coupa.

Cela exécuté, le corps de la femme était non seulement couvert de sang mais aussi de lait parce qu'elle était encore à nourrir sont enfant âgé de trente jours. La religieuse fut lapidée par les Tourangeaux en raison de son mensonge.

Desnudaram os seios da irmã lavadeira. Um jovem cortou-os.

Isso executado, o corpo da mulher estava não somente coberto de sangue mas também de leite porque ela ainda alimentava seu filho de trinta dias. A religiosa foi apedrejada pelos turonenses por causa de sua mentira.

# — 2 —

Rome était lointaine. Elle s'éloignait. De maîtresse, elle était devenue souvenir. De souvenir, elle devenait un fantôme. L'idée même d'un centre pour l'espace de la terre était devenue un être pareil aux animaux qui bondissaient dans les songes de la reine Basine.

Le dernier roi des Romains a un nom.

Un pontife, qui était lui aussi

## — 2 —

Roma ficava distante. Ela se distanciava. De amante, tornara-se lembrança. De lembrança, tornava-se um fantasma. A própria ideia de um centro para o espaço da terra tornara-se um ser semelhante aos animais que saltavam nos sonhos da rainha Basina.

O último rei dos romanos tem um nome.

Um pontífice, que era também

de Tours, lui a consacré seize lignes qui ont maintenu sa mémoire.

Il s'appelait Syagrius. Il était le fils d'Aegidius. Il ne portait ni le titre de maître des milices, ni celui de duc, ni celui de patrice, que son père avait portés. À la fin des années 470 ces mandats avaient été révoqués.

On l'appelait simplement *rex Romanorum*, le roi des Romains.

Le siège du dernier royaume du dernier roi des Romains était Soissons. Clovis marcha contre lui avec l'appui des hommes de Ragnacaire.

Soissons était la cité la plus nombreuse et la plus commerçante de la Gaule Belgique. Elle

de Tours, lhe consagrou dezesseis linhas que mantiveram sua memória.

Ele se chamava Siágrio. Era filho de Egídio. Não portava nem o título de chefe das milícias, nem o de duque, nem o de patrício, como seu pai portara. No final dos anos 470, esses mandatos haviam sido revogados.

Chamavam-no simplesmente *rex Romanorum*, o rei dos romanos.

A sede do último reino do último rei dos romanos era Soissons. Clóvis marchou contra ele com o apoio dos homens de Ragnacário.

Soissons era a cidade mais populosa e a mais comerciante da Gá-

surplombait, du haut de la colline, l'Aisne, un ponton de bois, un grand porche de marbre au départ de l'eau, soixante barques.

Les constructions privées y étaient opulentes, vastes, dissimulées, merveilleuses.

Les ateliers militaires de cuirasses et de balistes avaient acquis un renom qui outrepassait la ligne frontière qui bornait l'empire.

C'est au nord de la ville que s'étendait le château d'albâtre où résidait le dernier roi. Outre Sofiius son notaire, gardien de sa bibliothèque, l'entourait une cour de citharistes, de corneilles, de femmes pour jouir, de capitaines,

lia Belga. Ela dominava, do alto da colina, o Aisne, um pontão de madeira, um grande pórtico de mármore à beira da água, sessenta barcas.

As construções privadas eram opulentas, vastas, dissimuladas, maravilhosas.

As oficinas militares de couraças e de balistas haviam alcançado um renome que ultrapassava a fronteira que demarcava o império.

É ao norte da cidade que se estendia o castelo de alabastro onde residia o último rei. Além de Sofiius seu notário, guardião de sua biblioteca, era rodeado por uma corte de citaristas, de gralhas, de mulhe-

de merles qui parlaient, d'astro-
logues, de livres fantastiques, d'am-
phores, de chiens qui aboyaient,
de chênes. Chaque jour, dans le
sanctuaire du palais, Syagrius se dé-
robait aux yeux des familiers pour
sacrifier aux dieux interdits ; il ne
s'agissait pas des deux cordonniers
martyrs ; il s'agissait de lire en si-
lence sur un rouleau de papyrus
d'Égypte les exploits d'Énée.

\*

En 451 Attila avait épargné
Soissons.

En 486 Chlodovecchus, roi de
Tournai, envoya un défi à Syagrius,
dernier roi des Romains, sous la

res para o prazer, de capitães, de melros falantes, de astrólogos, de livros fantásticos, de ânforas, de cães latindo, de carvalhos. A cada dia, no santuário do palácio, Siágrio se esquivava dos olhos dos familiares para os sacrifícios aos deuses proibidos; não se tratava dos dois mártires sapateiros; tratava-se de ler em silêncio em um rolo de papiro do Egito as façanhas de Eneias.

*

Em 451, Átila havia poupado Soissons.

Em 486, Clodoveu, rei de Tournai, fez uma afronta a Siágrio, último rei dos romanos, sob a forma

forme d'une fille nue souillée du sang de ses mois dans le dessein de lui porter malheur.

Syagrius plaça son armée devant Soissons entre Juvigny et Montécouvé.

Le roi Chararic monta sur la crête de la colline et regarda, en compagnie de ses guerriers, ayant juré sur l'intégrité de sa chevelure que le pacte d'amitié irait au vainqueur.

Les forces franques vainquirent.

Alors Chararic se rallia à Clovis.

Syagrius prit la fuite à cheval et chercha refuge auprès du roi des

de uma moça nua maculada com o sangue de seus meses com a intenção de lhe trazer mau agouro.

Siágrio posicionou seu exército diante de Soissons, entre Juvigny e Montécouvé.

O rei Chararico subiu até o topo da colina e assistiu, na companhia de seus guerreiros, tendo jurado pela integridade de sua cabeleira que o pacto de amizade iria ao vencedor.

As forças francas venceram.

Então Chararico aliou-se a Clóvis.

Siágrio fugiu a cavalo e buscou refúgio junto ao rei dos Visigodos,

Visigoths, Alaric, qui était alors roi de Toulouse. Ce dernier, comme il tremblait de soumission devant la colère du roi de Tournai, lui livra son hôte au mépris de la coutume. Il déposa, attaché par les mains et par les pieds comme un gibier, le dernier roi des Romains dans une charrette qui sortit de Toulouse à la brune, qui passa la frontière gothique à la nuit noire.

C'est ainsi que le dernier roi des Romains fut livré aux Francs.

*

Le roi Chlodovecchus — c'est-à-dire Clovis — prit son épée, racla

Alarico, que era então rei de Toulouse. Este último, como tremia de submissão diante da cólera do rei de Tournai, entregou-lhe seu hóspede, a despeito do costume. Ele deixou, mãos e pés atados como um animal de caça, o último rei dos romanos em uma charrete que saiu de Toulouse ao crepúsculo, que passou a fronteira gótica na noite escura.

É assim que o último rei dos romanos foi entregue aos francos.

\*

O rei Clodoveu — ou seja, Clóvis — tomou sua espada, raspou

tous les cheveux de la tête de Syagrius — c'est-à-dire du dernier roi des Romains — qui saignait et le mit aux fers dans une cave calcaire de la vallée de la Loire. Clovis attendit l'allégeance de tous puis, en secret, il fit couper la tête du roi d'un coup. Les cheveux qui étaient repoussés avaient la taille de deux doigts et, comme ils ne formaient pas de boucles, le roi Chlodovecchus ne pouvait pas tenir la tête par le sommet du crâne pour la présenter à ses gens.

Clovis déclara qu'il vengeait sur le dernier roi des Romains la mort des rois francs ses aïeux : cent soixante-dix ans plus tôt, ils

todo o cabelo da cabeça de Siágrio — ou seja, do último rei dos romanos —, que sangrava, e o encarcerou em um porão calcário do vale do Loire. Clóvis aguardou pela lealdade de todos e depois, em segredo, mandou cortar a cabeça do rei com um só golpe. Os cabelos que haviam crescido tinham dois dedos de comprimento e, como não formavam cachos, o rei Clodoveu não conseguia segurar a cabeça pelo topo do crânio para apresentá-la à sua gente.

Clóvis declarou que ele vingava com o último rei dos romanos a morte dos reis francos, seus antepassados: cento e setenta anos an-

avaient péri sous la dent des ours dans l'amphithéâtre.

Syagrius demanda, alors que l'épée du premier roi des Francs s'approchait de lui, se reculant dans l'ombre de sa geôle, où étaient les champs élysées et les dieux qui les protégeaient.

Clovis fit de Soissons sa ville royale. C'est lors de cette campagne que Clovis prit les vases des églises.

*

La beauté peut être appauvrissante. La légende qu'a retenue l'histoire s'écarte de la chronique de Grégoire. Le texte du Tourangeau

tes, haviam perecido sob os dentes dos ursos no anfiteatro.

Siágrio perguntou, enquanto a espada do primeiro rei dos francos se aproximava dele, recuando na sombra de sua cela, onde estavam os campos elísios e os deuses que os protegiam.

Clóvis fez de Soissons sua cidade real. É nessa campanha que Clóvis tomou os vasos das igrejas.

*

A beleza pode ser empobrecedora. A lenda que a história manteve se distancia da crônica de Gregório. O texto do turonense é o se-

est le suivante : *Quem Chlodovec-
chus receptum custodiae mancipari
praecepit, regnoque ejus accepto,
eum gladio clam feriri mandavit.
Quaesivit cum moriebatur ubi essent
umbrae.* Mot à mot : Dès que Clovis
eut reçu (Syagrius des mains d'Ala-
ric) il donna l'ordre qu'on le mît
sous bonne garde puis, après qu'il
eut pris possession de son royaume,
il commanda qu'il fût égorgé se-
crètement. Tandis qu'il expirait il
demanda où étaient les ombres.

\*

On ne sait ce que le dernier roi
des Romains voulut dire en mou-
rant.

guinte: *Quem Chlodovecchus receptum custodiae mancipari praecepit, regnoque ejus accepto, eum gladio clam feriri mandavit. Quaesivit cum moriebatur ubi essent umbrae.* Palavra por palavra: Assim que Clóvis recebeu [Siágrio das mãos de Alarico], deu a ordem de colocá-lo sob custódia e então, após ter tomado posse de seu reino, comandou que fosse degolado secretamente. Enquanto ele expirava, perguntou onde estavam as sombras.

\*

Não se sabe o que o último rei dos romanos quis dizer ao morrer.

*Quaesivit cum moriebatur ubi essent umbrae.*

Il demanda en mourant :

— Où sont les ombres ?

\*

Entendait-il par là les âmes aux Enfers comme la légende l'a compris ? Voulait-il nommer avec pudeur les dieux de l'Olympe enveloppés dans la nuée par laquelle ils voyagent ? Désignait-il Aegidius son père ? Les milices des Gaules dont il était le prince ? Les liens qu'avaient tissés, du temps de son père, le roi Childéric ou son épouse, la reine Basine ? Ou bien du temps de son grand-père le roi Mérovée ?

*Quaesivit cum moriebatur ubi essent umbrae.*

Ele perguntou ao morrer:

— Onde estão as sombras?

\*

Entendia com isso as almas nos Infernos, como a lenda compreendeu? Teria querido nomear com pudor os deuses do Olimpo envoltos pela nuvem em que viajam? Teria designado Egídio, seu pai? As milícias da Gália das quais era o príncipe? Os elos que se haviam tecido, no tempo de seu pai, o rei Childerico ou sua esposa, a rainha Basina? Ou então no tempo de seu avô, o rei

Pourquoi le fils de Childeric n'avait-il pas respecté le serment contracté avec le fils d'Aegidius ? Où étaient les ombres pour témoigner de la parole donnée ? Et devant la parole rompue, devant l'alliance brisée, à l'instant de ce meurtre dans l'ombre, n'auraient-elles pas dû avoir à cœur de crier dans les forêts ou dans les temples, de soulever les vents et de maudire ?

\*

La légende qui a été retenue n'est pas vraisemblable.

Les ombres invoquées par Syagrius ne sont pas celles de l'enfer

Meroveu? Por que o filho de Childerico não respeitara o juramento feito ao filho de Egídio? Onde estavam as sombras para testemunhar a palavra dada? E diante da palavra rompida, diante da aliança partida, no instante desse assassinato na sombra, não deveriam elas ter o ânimo de gritar nas florestas ou nos templos, de erguer os ventos e de maldizer?

*

A lenda que se manteve não é verossímil.

As sombras invocadas por Siágrio não são aquelas do inferno dos

des Chrétiens. Syagrius mourant n'est pas Dante à Ravenne.

«Il demanda où sont les ombres» veut plutôt dire : Venez à moi, les pères respectueux de la parole donnée. Vous avez combattu côte à côte à la bataille d'Orléans. Immobilisez des doigts qui cherchent en vain à empoigner ces cheveux qu'ils ont tondus et arrêtez ce glaive sur ma gorge !

*

Ou encore la question *ubi sunt umbrae* a pu vouloir dire : Venez, Érinyes. Vengez le meurtre commis dans l'ombre. Faites retomber le sang sur les enfants du petit-fils

cristãos. Siágrio morrendo não é Dante em Ravena.

"Ele perguntou onde estão as sombras" quer antes dizer: vinde até mim, pais respeitosos da palavra dada. Combatestes lado a lado na batalha de Orléans. Imobilizai os dedos que buscam em vão agarrar os cabelos que eles tosquiaram e detende esse gládio em minha garganta!

\*

Ou ainda a questão *ubi sunt umbrae* pode ter querido dizer: vinde, Erínias. Vingai o assassinato cometido na sombra. Fazei derramar o sangue sobre os filhos do neto de

de Mérovée et qu'il en soit ainsi de
génération en génération !

\*

*Quaesivit cum moriebatur ubi
essent umbrae.* Le roi demanda :
Où sont les guêpes jaunes quand la
neige tombe sur le chemin glacé ?
Où est l'enfer ? Mon père, quand
il poussa un petit cri et me conçut,
avait les yeux ouverts sur quoi ? Où
est Virgile ?

Meroveu e que assim seja de geração em geração!

\*

*Quaesivit cum moriebatur ubi essent umbrae.* O rei perguntou: onde estão as vespas amarelas quando a neve cai no caminho congelado? Onde está o inferno? Meu pai, quando soltou um breve grito e me concebeu, tinha os olhos abertos diante de quê? Onde está Virgílio?

# — 3 —

# L'autre royaume

En 1602 un maître pêcheur, dans la province de Bretagne, dans le Morbihan, était propriétaire de cinq barques. Veuf depuis trois ans, il ne s'était pas remarié tant l'amour qu'il portait à la femme qu'il avait épousée jadis persistait en lui. Sa maison était à flanc de falaise. La côte où elle était située était faite de roches noires. Le sentier qui y menait était escarpé. La maison était étroite ; les

# — 3 —

# O outro reino

Em 1602 um mestre pescador, na província de Bretanha, em Morbihan, era proprietário de cinco barcos. Viúvo havia três anos, não voltara a se casar tanto nele persistia ainda o amor à mulher que esposara outrora. Sua casa ficava na encosta de uma falésia. A costa onde se situava era formada por rochas negras. A senda que levava até ali era escarpada. A casa era estreita;

pièces sombres ; il était à manger sa bouillie.

Il voit par la porte de sa maison sa femme qui passe. Il lâche son bol. Il court sur le chemin qui tombe à pic au-dessus de la mer.

Elle a un corsage en lin blanc en pointe, qu'elle porte au-dessus d'une jupe jaune bouton d'or.

— N'es-tu pas morte depuis trois ans ? lui crie-t-il.

Son épouse en convient, faisant des petits signes de tête de haut en bas. À ses côtés se tient l'ancien chantre du village.

Ce dernier paraît beaucoup plus jeune qu'elle.

os cômodos escuros; ele comia seu mingau.

Ele vê pela porta de sua casa sua mulher que passa. Larga a tigela. Corre no caminho que cai a pique sobre o mar.

Ela veste um corpete de linho branco com frente em bico por cima de uma saia amarelo-ouro.

— Não estás morta há três anos? ele grita.

Sua esposa concorda, fazendo pequenos sinais com a cabeça de cima a baixo. Ao seu lado está o antigo chantre da aldeia.

Esse último parece muito mais jovem do que ela.

À la vérité il est mort neuf ans avant elle.

Il se tient en retrait. Il est lui aussi vêtu de lin jaune. Il a l'air grave. Il paraît songeur.

Tandis que le veuf parle à son épouse morte, le chantre s'assoit sur une roche. Il tient dans les mains une grande canne ferrée.

Un voyageur arrive, venant du Scorff, et les dépasse.

À l'instant de les dépasser il les salue en employant la langue anglaise.

Le chantre lui répond de même en anglais.

Le chantre et l'épouse du maître pêcheur sont tous deux vê-

Na verdade ele morreu nove anos antes dela.

Ele mantém distância. Também ele veste linho amarelo. Tem um ar grave. Parece absorto.

Enquanto o viúvo fala com sua esposa morta, o chantre se senta sobre uma rocha. Ele tem nas mãos uma grande bengala de ferro.

Um viajante chega, vindo do Scorff, e passa por eles.

No instante em que passa ele os saúda empregando a língua inglesa.

O chantre responde também em inglês.

O chantre e a esposa do mestre pescador estão ambos vestidos

tus de lin ainsi que le sont tous les morts.

Ils sont très beaux quoique leurs joues soient blanches et creuses.

— En vérité tu n'aimas pas ceux que tu aimas à la suite de celui-ci ? demande à cet instant le maître pêcheur à son épouse.

— Non.

— Tu ne m'as pas aimé ?

— Non.

— Tu as toujours préféré un mort à un vivant ?

— Oui.

— Pourquoi ?

La femme ne répond pas.

de linho, assim como todos os mortos.

Eles estão muito belos apesar das bochechas brancas e murchas.

— Em verdade não amaste aqueles que amaste depois desse? pergunta nesse instante o mestre pescador a sua esposa.

— Não.

— Não me amaste?

— Não.

— Sempre preferiste um morto a um vivo?

— Sim.

— Por quê?

A mulher não responde.

— Dis-moi pourquoi, insiste le pêcheur.

— Non.

Après qu'elle a dit non, l'épouse morte lui tourne le dos. Elle s'apprête à reprendre sa route sur le sentier.

Son visage est extraordinairement lumineux.

Le chantre se lève lui aussi prenant appui sur sa canne.

Le maître pêcheur se précipite.

La femme morte se courbe en deux, prend ses jupes dans ses mains, se met à courir sur le sentier à pic.

Mais le maître de pêche, empoignant un genêt, sautant sur une

— Diz-me por quê, insiste o pescador.

— Não.

Depois de dizer não, a esposa morta vira as costas. Ela se prepara para retomar seu caminho pela senda.

Seu rosto está extraordinariamente radiante.

O chantre também se levanta apoiando-se em sua bengala.

O mestre pescador se precipita.

A mulher morta se curva em dois, pega as saias entre as mãos, e se põe a correr ladeira abaixo.

Mas o mestre de pesca, empunhando uma giesta, saltando so-

roche en saillie, parvient à la dépasser.

Le veuf hurle.

Il brandit les poings. Il pleure aussi.

Il empêche son épouse morte de passer.

La corniche au-dessus de la mer était si étroite à cet endroit que la morte se serait blessée en tombant, ou bien elle aurait abîmé ses vêtements en lin.

L'épouse reste immobile devant son ancien mari.

Une dernière fois le maître de pêche la supplie :

— Si tu m'expliques pourquoi

bre uma rocha saliente, consegue ultrapassá-la.

O viúvo urra.

Ele ergue os punhos. Chora também.

Ele impede sua esposa morta de passar.

A trilha sobre o mar era tão estreita nesse trecho que a morta teria se ferido ao cair, ou no mínimo teria rasgado suas vestes de linho.

A esposa permanece imóvel diante de seu antigo marido.

Uma última vez o mestre de pesca suplica:

— Se me explicas por que não

tu ne m'as pas aimé autant que le chantre, je te laisse passer.

Elle le regarde dans les yeux.

Puis elle hausse les épaules.

Elle tourne son regard vers le large.

Plus tard encore, elle regarde de nouveau son époux, longuement. Son visage ne marque pas de mépris, mais il est sans douceur.

Elle baisse les paupières mais elle ne dit rien.

Il dit tout bas :

— Dis-moi, mon amour, pourquoi tu ne m'aimes plus ?

Alors le beau visage de son épouse est placé sur sa gauche. Il la voit de profil. Il ne voit pas ses

me amaste como ao chantre, te deixo passar.

Ela olha em seus olhos.

Depois encolhe os ombros.

Ela volta o olhar para o alto--mar.

Ainda depois, olha de novo seu marido, longamente. Seu rosto não mostra desdém, mas está sem do-çura.

Ela baixa as pálpebras mas não diz nada.

Ele diz baixinho:

— Diz, meu amor, por que não me amas mais?

O belo rosto de sua esposa está então à esquerda. Ele a vê de perfil. Ele não vê seus lábios se mexerem.

lèvres bouger. Il entend pourtant qu'elle dit à voix basse :

— J'avais plus de plaisir dans la compagnie de ce mort, même une minute, même en pensée, même en mâchouillant sans fin dans ma bouche le secret de son nom, que dix ans dans tes bras, même quand j'étais heureuse dans tes bras.

— Ah ! fit-il et il s'effondra sur le sol.

Ils passèrent.

Ils descendirent le sentier.

Ils gagnèrent le sable et la laisse de mer. Ils se tenaient par la main au bord des vagues.

Ils marchaient sur les algues tout en bas.

Escuta no entanto ela dizer em voz baixa:

— Eu tinha mais prazer na companhia desse morto, mesmo por um minuto, mesmo que em pensamento, mesmo mastigando sem fim na minha boca o segredo de seu nome, do que por dez anos nos teus braços, mesmo quando eu era feliz nos teus braços.

— Ah! fez ele e desabou no chão.

Eles passaram.

Desceram a senda.

Ganharam a areia e a orla do mar. Tinham as mãos dadas na beira das ondas.

Le pêcheur voyait les vêtements jaunes flotter au-dessus des algues et des flaques.

Il était jaloux.

Bien que tous deux fussent morts, le maître pêcheur était jaloux de leur bonheur chez les morts.

Il revint chez lui dans un état déplorable.

Le maître pêcheur était sans cesse à souffrir non pas parce que sa femme état devenue fantôme mais parce qu'elle avait préféré dans l'autre monde un homme à qui elle s'était donnée avant qu'il la rencontrât. Il disait :

Caminhavam por sobre as algas.

O pescador via as roupas amarelas flutuarem acima das algas e dos charcos.

Tinha ciúmes.

Ainda que os dois estivessem mortos, o mestre pescador tinha ciúmes de sua alegria dentre os mortos.

Voltou para casa em um estado deplorável.

O mestre pescador sofria sem cessar, não porque sua mulher se tornara fantasma mas porque preferira no outro mundo um homem a quem se tinha entregado antes que ele a conhecesse. Ele dizia:

— Je ne souhaite à personne de voir à qui peut bien aller l'amour des morts.

Souvent, après qu'il avait dit ces mots, il ajoutait avec un air de menace à l'adresse de ceux qui l'écoutaient :

— Et je ne souhaite à aucun d'entre vous de découvrir à qui s'adresse l'amour de ceux avec qui vous vivez !

On dit que sa souffrance dura six mois, jusqu'au mois d'avril.

Étrange royaume que celui que j'évoque pour ouvrir ces tomes, ces landes, ces vagues blanches, ces genêts jaunes, ces à-pics.

— Não desejo a ninguém que veja a quem pode se dirigir o amor dos mortos.

Depois de dizer estas palavras, costumava acrescentar com ar de ameaça àqueles que o escutavam:

— E não desejo a nenhum de vocês que descubram a quem se destina o amor daqueles com quem vivem!

Dizem que seu sofrimento durou seis meses, até o mês de abril.

Que estranho reino esse que evoco para abrir estes tomos, estas planícies, estas ondas brancas, estas giestas amarelas, estes picos.

Bouts d'algues, morceaux de co-
quillages, barques crevées, laisses
de grèves, fragments de scènes in-
visibles.

Le 23 avril ses larmes se mirent
enfin à couler. Il s'alimenta de nou-
veau. Il refusait de dormir parce
qu'il redoutait que son épouse ne
lui apparût en rêve. Il craignait de
la désirer malgré tout pendant son
sommeil. Il avait perdu quarante et
un kilos.

Pedaços de algas, restos de conchas, barcas furadas, orlas de areal, fragmentos de cenas invisíveis.

No dia 23 de abril suas lágrimas enfim começaram a rolar. Ele voltou a se alimentar. Ele se recusava a dormir porque receava que a esposa aparecesse em sonho. Temia desejá-la apesar de tudo durante o sono. Ele havia perdido quarenta e um quilos.

# Sumário

O recém-nascido . . . . . . . . . . . . . . 7

(Último reino) . . . . . . . . . . . . . . 19

O outro reino . . . . . . . . . . . . . . 45

Adverte-se aos curiosos que se
imprimiu esta obra em nossas oficinas
em 2 de outubro de 2013, por ocasião
da primeira visita de Pascal Quignard
ao Brasil, sobre papel Offset 90 g/m²,
composta em tipologia Walbaum
Monotype, em GNU/Linux (Gentoo,
Sabayon, Ubuntu e LinuxMint), com
os softwares livres LaTeX, DeTeX, vim,
Evince, Pdftk, Aspell, svn e trac.